Joseph Ratzinger
Benedikt XVI.

Vom Sinn
des Christseins

Im Jahr 1964 hielt Professor Dr. Joseph Ratzinger im Dom zu Münster drei bedeutende Adventspredigten. Auch nach gut vierzig Jahren geben sie spirituell reiche Antworten auf die Frage nach dem Sinn des Christseins. Bei dieser Neuausgabe handelt es sich um die unveränderte Wiedergabe dieser Predigten Joseph Ratzingers, der im April 2005 als Benedikt XVI. zum Papst gewählt wurde.

Joseph Ratzinger
Benedikt XVI.

Vom Sinn
des Christseins

Drei Predigten

Kösel

Neuausgabe 2005
Gesetzt nach den Regeln
der reformierten Rechtschreibung.
© 1965 by Kösel-Verlag GmbH & Co., München
Printed in Germany. Alle Rechte vorbehalten
Druck und Bindung: Kösel, Krugzell
Umschlag: Kaselow Design, München
Umschlagmotiv: photonica / Johner
ISBN 3-466-36701-8

*Gedruckt auf umweltfreundlich hergestelltem
Werkdruckpapier (säurefrei und chlorfrei gebleicht)*

*Romano Guardini
in Dankbarkeit und Verehrung
zugeeignet*

ÜBER DIESES BUCH

Das gesprochene Wort und das geschriebene Wort sind von Grund auf so verschieden, dass es immer etwas Fragwürdiges hat, wenn man das gesprochene Wort zu einem Buch macht. Wenn sich Autor und Verlag dennoch entschlossen haben, diese vor einer katholischen Studentengemeinde gehaltenen Predigten gedruckt einer größeren Öffentlichkeit vorzulegen, so geschah es aus den folgenden Gründen: Einmal ist Ratzingers Thematik, in der das Adventliche als Signatur des Christlichen überhaupt erscheint, so zeitnotwendig im genauen Wortverstand, dass man es als Antwort auf manche quälende Frage der Vergänglichkeit des Augenblicks entreißen zu müssen glaubt. Außerdem fügt die Urform der christlichen Predigtverkündigung dem reinen Inhalt ein besonderes und nicht ersetzbares Moment hinzu. Dies verloren gehen zu lassen, kann sich unsere Zeit, deren wissenschaftliche Abstraktion bisweilen den lebendigen Menschen zu vergessen scheint, einfach nicht leisten.

Inhalt

Vorwort 11

Erste Predigt
Sind wir erlöst?
Oder: Ijob redet mit Gott

Christentum als Advent 15
Die unerfüllte Verheißung 24
Sind wir erlöst? 40
Der verborgene Gott 44

ZWEITE PREDIGT
Glaube als Dienst

Das Heil der Christen und das Heil
der Welt 55
Menschwerdung Gottes, Christwerdung
des Menschen 65
Der Sinn der Heilsgeschichte 73

DRITTE PREDIGT
Über allem: Die Liebe

Die Liebe genügt 85
Wozu der Glaube? 95
Das Gesetz des Überflusses 102
Glaube, Hoffnung, Liebe 111

Anmerkungen. 115

Vorwort

Das vorliegende Büchlein stellt die Niederschrift dreier Predigten dar, die der Verfasser vom 13. bis 15. Dezember 1964 vor der Katholischen Studentengemeinde im Dom zu Münster gehalten hat. Das Echo, das dem Bemühen antwortete, in der Sprache der Verkündigung die Frage unseres Christseins in der Welt von heute neu zu stellen und zu beantworten, ermutigte zur Veröffentlichung. Die sprachlichen und sachlichen Grenzen, die dem Ganzen von seiner Entstehung her anhaften mussten, habe ich bewusst nicht überschritten; mit geringen Veränderungen trägt es einfach die Form, die ihm der Augenblick gegeben hatte. Meine Hoffnung ist, das so Gesagte könne gerade in der Anspruchslosigkeit einer unliterarischen Gestalt auf seine Weise mithelfen zu jener Erneuerung von Verkündigung und Glaube, deren wir in einer von Grund auf gewandelten Welt dringend bedürfen.

Münster, Ostern 1965
Joseph Ratzinger

Erste Predigt

Sind wir erlöst?
Oder:
Ijob redet mit Gott

CHRISTENTUM ALS ADVENT

Die Kirche feiert Advent in diesen Wochen und wir mit ihr. Wenn wir versuchen zurückzudenken, was wir in unserer Kindheit über den Advent und seinen Sinn gelernt haben, werden wir uns erinnern, dass uns gesagt wurde, der Adventskranz mit seinen Lichtern erinnere an die Jahrtausende [vielleicht Jahrhunderttausende] der Menschheitsgeschichte vor Jesus Christus. Er erinnere uns und die Kirche an die Zeit, in der eine unerlöste Menschheit auf die Erlösung wartete. Er erinnere uns an die Finsternis einer noch unerlösten Geschichte, in der nur langsam die Lichter der Hoffnung sich entzündeten, bis schließlich Christus, das Licht der Welt, kam und die Welt von der Finsternis der Unerlöstheit befreite. Wir werden des Weiteren daran denken, dass wir gelernt haben, diese Jahrtausende vor Christus seien die Zeiten des Unheils durch den Sündenfall gewesen, während wir die Jahrtausende seit der Geburt des Herrn nennen lernten »anni salutis reparatae«, Jahre des wiederhergestellten Heiles. Wir werden endlich daran denken, dass uns gesagt worden ist, im Advent besinne sich die Kirche nicht nur auf die Vergangenheit, in der für die Menschheit Advent, Zeit der Unerlöstheit und des Wartens war, sondern im Advent schaue sie zugleich über sich hinaus auf die Schar derer, die noch nicht getauft sind, für die noch immer »Advent« ist, weil sie noch immer im Dunkel der Unerlöstheit warten und leben.

Wenn wir als Menschen unseres Jahrhunderts und mit den Erfahrungen dieses Jahrhunderts solche Aussagen, die wir einst gelernt haben, wieder überdenken, wird es uns kaum gelingen, sie noch vollends anzunehmen. Wird uns nicht das Wort von den Jahren des Heils, welche die Jahre seit Christus im Gegensatz zu denen vor seiner Geburt sein sollen, auf den Lippen ersterben, ja, fast wie eine böse Ironie erscheinen, wenn wir an Jahreszahlen denken wie 1914, 1918, 1933, 1939, 1945 – an Jahreszahlen, die den Zeitraum von Weltkriegen bezeichnen, in denen Millionen Menschen oft unter schrecklichsten Umständen ihr Leben lassen mussten; Jahreszahlen, die das Gedenken wachrufen an Furchtbarkeiten, zu denen die Menschheit früher rein technisch gar nicht in der Lage gewesen wäre. Es ist des Weiteren die Jahreszahl dabei, die uns erinnert an den Anfang eines Regimes, das den Massenmord zu einer grausamen Perfektion erhoben hat, und endlich steigt die Erinnerung auf an jenes Jahr, in dem die erste Atombombe über einer von Menschen bewohnten Stadt gezündet wurde, in deren grellem Lichtschein eine ganz neue Möglichkeit von Finsternis für die Welt aufgetaucht ist.

Wenn wir solches bedenken, wird es uns einfach nicht mehr gelingen, die Geschichte in Zeiten des Unheils und in Zeiten des Heils einzuteilen. Wenn wir dann noch unseren Blick weiten und hinschauen auf das, was in unserem Jahrhundert und in den Jahrhunderten zuvor Christen [solche also, die wir »erlöste« Menschen nennen] an Unheil und Verwüstung in der Welt angerichtet haben, werden wir auch nicht mehr fähig sein, die Weltvölker einzuteilen in solche, die im Heil, und solche, die im Unheil stehen. Wir werden, wenn wir ehrlich sind, eine Schwarzweißmalerei nicht mehr fertig bringen, welche die Geschichte und die Landkarte in Unheils- und Heilszonen zerschneiden will. Eher wird uns die ganze Geschichte und die ganze Menschheit wie eine graue Masse erscheinen, in der es immer wieder die Lichtblitze des nie gänzlich zu ertötenden Guten gibt, in der immer wieder die Aufbrüche der Menschen zum Besseren hin stattfinden, in der aber auch immer wieder die Zusammenbrüche in alle Furchtbarkeiten des Bösen hinein erfolgen.

So wird aber in solchem Nachdenken sichtbar, dass Advent nicht [wie vielleicht in früheren Zeiten gesagt werden konnte] ein heiliges Spiel der Liturgie ist, in dem sie sozusagen noch einmal uns die Wege der Vergangenheit zurückführt, uns noch einmal anschaulich zeigt, wie es einst gewesen ist, damit wir jetzt das Heil von heute umso freudiger und beglückter genießen können. Wir werden vielmehr zugeben müssen, dass Advent nicht bloß Erinnerung und Spiel über Vergangenes ist, sondern dass Advent unsere Gegenwart, unsere Wirklichkeit ist: Die Kirche spielt hier nicht, sondern verweist uns auf das, was die Wahrheit *auch* unserer christlichen Existenz darstellt. Es ist mit der Sinn der Adventszeit im Kirchenjahr, dass sie uns dieses Bewusstsein wieder lebendig macht. Sie soll uns dazu nötigen, dass wir uns diesen Tatsachen stellen, dass wir zugeben das Ausmaß von Unerlöstheit, das nicht nur irgendwann über der Welt lag und irgendwo vielleicht noch liegt, sondern bei uns selbst und inmitten der Kirche Tatsache ist.

Mir scheint, dass wir hier nicht selten einer gewissen Gefahr erliegen: Wir wollen derlei nicht sehen; wir leben sozusagen mit abgeblendeten Lichtern, weil wir fürchten, dass unser Glaube das volle, grelle Licht der Tatsachen nicht vertragen könnte. So schirmen wir uns dagegen ab und klammern sie aus dem Bewusstsein aus, um nicht zu Fall zu kommen. Aber ein Glaube, der sich die Hälfte der Tatsachen oder noch mehr nicht eingesteht, ist im Grunde schon eine Form von Glaubensverweigerung oder mindestens eine sehr tief gehende Form von Kleingläubigkeit, die Angst hat, der Glaube sei der Wirklichkeit nicht gewachsen. Sie wagt nicht anzunehmen, dass er die Kraft ist, die die

Welt überwindet. Wahrhaft glauben heißt demgegenüber, ungescheut und offenen Herzens dem Ganzen der Wirklichkeit ins Angesicht schauen, auch wenn es gegen das Bild steht, das wir uns aus irgendeinem Grunde vom Glauben machen. Zur christlichen Existenz gehört deshalb auch dies, dass wir aus der Anfechtung unseres Dunkels heraus wie der Mensch Ijob mit Gott zu reden wagen. Es gehört dazu, dass wir nicht meinen, vor Gott nur die Hälfte unseres Daseins darbieten zu können und ihm das Übrige ersparen zu müssen, weil wir ihn vielleicht verdrießlich machen könnten damit. Nein – gerade vor ihn dürfen und müssen wir die ganze Last unserer Existenz in voller Wahrhaftigkeit hinstellen. Wir vergessen ein wenig zu sehr, dass in dem Buche Ijob, das uns die Heilige Schrift überliefert, Gott am Ende des Dramas den Ijob als gerecht erklärt: ihn, der die ungeheuerlichsten Anklagen Gott entgegengeschleudert hat, während er Ijobs Freunde als falsch Redende zurückweist, jene Freunde, die Gott verteidigt hatten und auf alles irgendeinen schönen Reim und eine Antwort gefunden hatten.

Advent begehen heißt nichts anderes als mit Gott reden, wie Ijob es getan. Es heißt, einmal die ganze Wirklichkeit und Last unserer christlichen Existenz ungescheut sehen und sie vor Gottes richtendes und rettendes Angesicht hinstellen, auch dann, wenn wir wie Ijob keine Antwort darauf zu geben haben, sondern das Einzige bleibt, Gott selbst die Antwort zu lassen und ihm zu sagen, wie wir antwortlos in unserem Dunkel stehen.

Die unerfüllte Verheissung

Versuchen wir also in dieser adventlichen Stunde einmal, die ganze Wirklichkeit des Advent, der kein Spiel, sondern die Tatsächlichkeit unserer christlichen Existenz ist, zu bedenken vor dem Angesicht Gottes. Bei einem jeden würde solches Bedenken aufgrund *seiner* Lebenserfahrung anders aussehen. Ich greife nur im Blick auf die Heilige Schrift ein paar Bilder und Gedanken heraus, in denen andeutend sichtbar werden mag, in welcher Form uns Menschen von heute die Fragen bedrängen, in welcher Weise wir die Wirklichkeit des Advent erfahren, aber nicht um irgendeine profane Analyse zu betreiben, sondern als einen Versuch unseres ringenden Redens mit Gott.

Da steht etwa beim Propheten Jesaja [im 11. Kapitel] die Vision der messianischen Zeit, in welcher der Sproß Davids, der Erlöser, gekommen sein wird. Es heißt über diese Zeit: »Beim Lamm wird Gast sein der Wolf, der Leopard lagert beim Böcklein, Kalb und Löwe weiden zusammen, ein kleiner Knabe kann sie schon leiten. Kuh und Bärin freunden sich an, ihre Jungen lagern zusammen, der Löwe frisst Stroh wie das Rind; der Säugling spielt am Schlupfloch der Natter, nach der Höhle der giftigen Viper greift das entwöhnte Kind mit der Hand. Nirgends handelt man bös und verderbt auf meinem heiligen Berg, denn angefüllt ist das Land mit

Erkenntnis des Herrn, wie die Wasser das Meer überfluten« [Jes 11,6–9]. Wir sehen: Die Zeit des Messias wird als das wiedergekommene Paradies geschildert. Gewiss werden wir sagen, vieles daran sei einfach ein Bild. Denn dass dann Bären und Lämmer und Löwen und Kühe sich vertragen, ist natürlich eine bildhafte Vision, die etwas Tieferes zur Aussage bringen soll. Wir werden gar nicht erwarten, dass solches sich in unserer Welt zutragen muss. Aber der Text führt ja viel tiefer; er spricht in diesem Bild von dem Frieden, der das Kennzeichen erlöster Menschen sein wird. Er spricht davon, dass erlöste Menschen Menschen des Friedens sind; dass sie nicht mehr bös und arglistig handeln, weil das Land erfüllt ist von der Erkenntnis Gottes, die wie Wasser die Erde bedeckt. Erlöste Menschen – so zeigt uns der Text – leben aus der Nähe Gottes und aus seiner Wirklichkeit, so dass sie ganz von selbst zu Menschen des Friedens werden.

Was aber ist aus dieser Vision in der Kirche, unter uns, die wir die »Erlösten« heißen, geworden? Wir wissen alle, dass sie nicht erfüllt ist, dass die Welt geblieben und mehr denn je geworden ist eine Welt des Streites, der Friedlosigkeit, eine Welt, die vom Kampf der Menschen gegeneinander lebt, eine Welt, die durch das Gesetz der Arglist, der Feindseligkeit, des Egoismus gezeichnet ist; eine Welt, in der auch nicht die Gotteserkenntnis wie Wasser das Land bedeckt, sondern die mitten in der Gottesferne und in der Verdunklung Gottes lebt.

Das mag zu einem zweiten Gedanken führen, der sich aufdrängt, wenn wir die Prophezeiung des Neuen Bundes bei Jeremia lesen. Da heißt es: »Dies wird der Bund sein, den ich mit dem Haus Israel schließe nach jenen Tagen, spricht der Herr: Ich werde mein Gesetz in ihr Inneres legen und in ihr Herz werde ich es schreiben ...« [Jer 31,33]. Und noch deutlicher steht das Gleiche bei Jesaja: »Alle deine Söhne werden vom Herrn belehrt sein« [Jes 54,13]. Im Neuen Testament wird das aufgegriffen im 6. Kapitel des Johannes-Evangeliums durch den Herrn selbst, der den Neuen Bund als die Zeit kennzeichnet, in der nicht mehr einer dem anderen von Gott zu reden braucht, weil jeder selbst von innen erfüllt ist von Gottes Wirklichkeit [Joh 6,45]. Es wird abermals aufgegriffen in der Apostelgeschichte, in der Pfingstrede des heiligen Petrus, der an eine ähnliche Prophezeiung des Propheten Joël erinnert und sagt, jetzt erfülle sich Joëls Wort, dass Gott in den letzten

Tagen ausgießen werde von seinem Geist über alles Fleisch, »und eure Söhne und Töchter werden prophetisch reden« [Apg 2,16f.; Joël 3,1–5].

Wiederum müssen wir sagen: Wie weit sind wir entfernt von einer Welt, in der man nicht mehr über Gott belehrt zu werden braucht, weil er anwesend ist in uns selbst! Es ist die Behauptung aufgestellt worden, dass unser Jahrhundert durch ein ganz neues Phänomen gekennzeichnet werde: durch das Auftreten der Gottunfähigkeit des Menschen. Durch die gesellschaftliche und geistige Entwicklung sei es dahin gekommen, dass sich ein Menschentyp herausgebildet habe, bei dem gar kein Ansatzpunkt für die Erkenntnis Gottes mehr bestehe. Mag das nun zutreffen oder nicht, wir werden zugeben müssen, dass die Ferne Gottes, das Dunkel und die Fragwürdigkeit um ihn heute tiefer ist denn je zuvor; ja, dass wir selbst, die wir uns mühen, Gläubige zu sein, oft das Empfinden haben, als würde die Wirklichkeit Gottes uns unter den Händen weggezogen. Oder fangen wir nicht selbst oft an zu fragen: Wo bleibt Er denn in all dem Schweigen dieser Welt? Haben wir nicht selbst oft das Gefühl, dass wir am Ende allen Nachdenkens nur *Worte* in den Händen haben, während die Wirklichkeit Gottes ferner ist als je zuvor?

Das führt wieder zu einem neuen Schritt. Ich glaube, dass die eigentliche Anfechtung des Christenmenschen, wie wir sie heute erleben, nicht einmal in der theoretischen Frage besteht, ob Gott existiert, oder gar in der Frage, ob er eins und zugleich dreifaltig ist; auch nicht in der Frage, ob Christus Gott und Mensch ist in einem. Was uns heute eigentlich bedrängt und anficht, ist vielmehr die Tatsache der Wirkungslosigkeit des Christentums: Nach zweitausend Jahren christlicher Geschichte sehen wir nichts, was an neuer Wirklichkeit in der Welt wäre, sondern wir finden sie in denselben Furchtbarkeiten, Verzweiflungen und Hoffnungen wie eh und je. Und auch in unserer eigenen Existenz müssen wir die Ohnmacht der christlichen Wirklichkeit gegenüber all den anderen Mächten, die uns prägen und fordern, immer wieder erleben. Und wenn wir bei allem Mühen und Versuchen, vom Christlichen her zu leben, am Schluss das Fazit ziehen, überkommt uns wiederum oft genug das Gefühl, dass die Wirklichkeit uns weggezogen, aufgelöst wird und dass alles, was übrig bleibt, zuletzt der Appell an das schwache Lichtlein unseres guten Willens ist. Dann aber drängt sich uns in solchen Augenblicke der Entmutigung, des Rückschauens auf unseren Weg die Frage auf: wozu eigentlich dieses ganze Aufgebot an Dogma und Kult und Kirche, wenn wir am Schluss doch wieder zurückgeworfen sind auf unsere eigene Armseligkeit? Das wiederum führt uns dann letztlich zurück auf die Frage nach der Botschaft des Herrn: Was hat er eigentlich an Wirklichkeit verkündet und unter die Menschen gebracht? Wir werden uns daran erinnern, dass nach dem Bericht des heiligen Markus die Botschaft Christi zusammenzufassen ist in das eine Wort: »Die Zeit ist erfüllt, und das Reich Gottes hat sich genaht. Bekehrt euch und glaubt an das Evangelium!« [Mk 1,15]

»Die Zeit ist voll, das Reich Gottes ist herbeigekommen.« Hinter diesem Wort steht die ganze Geschichte Israels, dieses kleinen

Volkes, das ein Spielball der Weltmächte gewesen war, das sozusagen alle Herrschaften, die in diesem Ballungsraum der Weltgeschichte je aufgetreten waren, der Reihe nach ausprobiert hatte und um die Heillosigkeit einer jeden Menschenherrschaft, auch der des eigenen Volkes, wusste. Es wusste allzu gut, dass überall, wo Menschen herrschen, es sehr menschlich – und das will sagen: häufig sehr armselig und bedenklich – zugeht. In dieser Erfahrung einer Geschichte voller Enttäuschung, voller Knechtschaft, voller Ungerechtigkeit war in Israel immer stärker das Verlangen nach einem Reich gereift, das nicht Menschenherrschaft, sondern Reich Gottes selbst sein würde; Reich Gottes, in dem Er, der wahre Herr der Welt und der Geschichte, regieren würde. *Er* sollte herrschen, der selbst die Wahrheit und die Gerechtigkeit ist, damit wirklich Heil und Recht unter den Menschen endlich die einzigen herrschenden Mächte würden. Auf diese in Jahrhunderten gestaute Erwartung antwortet der Herr, indem er sagt: Jetzt ist die Zeit da, das Königreich Gottes ist jetzt herbeigekommen. Es ist nicht schwer, die Hoffnung zu verstehen, die von einem solchen Wort ausgehen musste. Aber ebenso verständlich ist wohl auch unsere eigene Enttäuschung, die uns überkommt, wenn wir zurückschauen auf das Geschehene.

Die christliche Theologie, die alsbald vor dieser Diskrepanz von Erwartung und Erfüllung stand, hat aus dem Reich Gottes im Laufe der Zeit ein Himmelreich gemacht, das im Jenseits ist; aus dem Heil der Menschen wurde ein Seelenheil, das sich wiederum im Jenseits, nach dem Tode, zuträgt.

Aber geantwortet hat sie damit nicht. Denn es ist ja gerade die Größe der Botschaft, dass der Herr nicht bloß vom Jenseits gesprochen hat und nicht bloß von den Seelen, sondern dass er den Leib, den ganzen Menschen in seiner Leibhaftigkeit und in seiner Einbezogenheit in Geschichte und Gemeinschaft, angerufen hat; dass er dem leibhaftig mit anderen Menschen in dieser Geschichte lebenden Menschen das Reich Gottes zugesprochen hat. So schön diese Erkenntnis ist, die uns die Erforschung der Bibel in unserem Jahrhundert wiedereröffnet hat [dass nämlich Christus nicht nur in ein Jenseits blickte, sondern den wirklichen Menschen meinte], so sehr kann sie uns enttäuschen und erschüttern, wenn wir auf die wirkliche Geschichte hinblicken, die wahrlich kein Reich Gottes ist.

Dieser Gedanke ließe sich weiterverfolgen, wenn wir auf die moralische Botschaft Jesu hinschauten, auf die Worte der Bergpredigt, in denen der Kasuistik der Pharisäer der einfache Aufruf zum Guten entgegengesetzt und etwa gesagt wird: »Ihr habt gehört, dass zu den Alten gesagt worden ist: Du sollst nicht töten; wer aber tötet, soll dem Gericht verfallen sein. Ich aber sage euch: Ein jeder, der seinem Bruder zürnt, soll dem Gericht verfallen sein. Wer aber seinem Bruder sagt ›Du Tor‹, soll dem Hohen Rat verfallen sein, und wer sagt ›Du Narr‹, soll der Feuerhölle verfallen sein« [Mt 5,21f.]. Wenn wir solche Worte aus der Bergpredigt hören, trifft uns gewiss die Einfachheit, mit der die moralischen Kniffe der Kasuistik beiseite geschoben werden. Mit der eine Moraltheologie beiseite geschoben wird, die dem Menschen sozusagen es möglich machen wollte, mit Tricks Gott zu überlisten und sich das Heil zu verschaffen. Es trifft uns die Einfachheit, mit der nicht irgendein Gesetz, sondern schlicht das Ja zum Guten selbst gefordert wird. Aber dann, wenn wir solche Worte näher erwägen »Wer zu seinem Bruder Narr sagt, soll dem Feuer verfallen«, dann treffen sie uns doch zugleich wie ein furchtbares Gericht, und die Kasuistik der Pharisäer erscheint uns beinahe noch als eine Art von Barmherzigkeit dagegen, die wenigstens das Gebot der menschlichen Schwachheit annähern will.

Wir könnten in solchem Nachsinnen weiter bedenken, wie Christus von den Würdenträgern des Alten Testaments und von seinen Jüngern gesprochen hat; wie er aufgefordert hat, dass es keine Titel mehr geben solle, dass alle einander Geschwister seien, weil sie von einem Vater leben [Mt 23,1–12]. Wie oft haben wir in Gedanken wohl schon die Wirklichkeiten, wie wir sie in der Kirche erfahren, all die ausgetüftelten Ränge und Abfolgen, all das höfische Gepränge mit solchen Worten verglichen! Aber es gibt Dinge, die tiefer gehen als die Frage der äußeren Formen, die man nicht unterschätzen, aber auch nicht überbewerten sollte. Ist nicht – so drängt es uns zu fragen – auch bis in sein eigentliches Wesen hinein das neutestamentliche Amt hinter sich selbst zurückgefallen? Musste nicht schon Augustinus seinen Gläubigen sagen, auch für die Bischöfe der Kirche gelte nicht selten das harte Wort, das der Herr über die Diener des Alten Bundes sprach: »Auf dem Stuhl des Mose sitzen die Schriftgelehrten und Pharisäer. Alles, was sie euch sagen, haltet und tut. Aber nach ihren

Werken handelt nicht, denn sie reden und tun nicht danach. Sie binden schwere und unerträgliche Lasten zusammen und legen sie auf die Schultern der Menschen. Sie selbst aber wollen keinen Finger dafür bewegen« [Mt 23,2–4].

Sind wir erlöst?

Gehen wir einen Schritt weiter, von der Schrift zur Theologie, und fragen, wie sie die Erlösung erklärt hat! Wir stoßen dann auf die beiden Wege, die sie gegangen ist, den der westlichen und den der östlichen Theologie. Die Theologie des Westens hat ein genaues System erdacht; sie sagt, Gott sei durch die Sünde unendlich beleidigt worden, also sei eine unendliche Genugtuung vonnöten. Diese unendliche Genugtuung, die kein endlicher Mensch leisten konnte, habe Christus, der Gott-Mensch, vollbracht. Der einzelne Mensch empfängt sie durch Glaube und Taufe, so dass er nun in Bezug auf die allen Einzelsünden vorausgehende, von ihm her untilgbare allgemeine Schuld begnadigt ist. Aber auf dem neuen Boden, der damit gewonnen ist, muss er sich selbst bewähren. Wenn er in die Arena des christlichen Lebens eintritt, wird er das Gefühl nicht loswerden, als sei mit diesem System die Gnade in einen Raum verwiesen, der ihn persönlich gar nicht trifft, und als sei er selbst in seinem sittlichen Ringen wieder gnadenlos seinem eigenen Wirken und Verdienen ausgeliefert. So ist im System die Idee der Erlösung zwar gerettet, aber sie wirkt nicht ins Leben hinein, sondern steht irgendwo im Hintergrund, im Bereich einer uns unfassbaren Größe unendlicher Beleidigung und Gutmachung, während unser eigenes Dasein in derselben

Anfechtung und Schwierigkeit steht, als wäre diese ganze Konstruktion nicht vorhanden.

Die östliche Theologie hat die Erlösung erklärt als den Sieg, der durch Christus über Sünde, Tod und Teufel erfochten worden sei. Diese Weltmächte seien durch den Herrn ein für alle Mal besiegt und so die Welt erlöst. Aber wiederum: Wenn wir auf die Wirklichkeit unseres Lebens hinschauen, wer kann da noch zu behaupten wagen, dass die Macht der Sünde besiegt sei? Aus unserem eigenen Leben und seinen Anfechtungen wissen wir nur zu gut, welche Macht sie noch immer ausübt. Und wer kann es ernstlich aussprechen, dass der Tod besiegt sei? Vielleicht stoßen wir hier auf den allermenschlichsten Aspekt der Unerlöstheit des Menschen: Noch immer stehen wir unter der Macht des

Todes und seiner ständigen Gegenwart in all unseren Krankheiten, Schwachheiten, Einsamkeiten und Nöten.

Der verborgene Gott

Es ist Advent. Und wenn wir alles dieses bedenken, was wir, wie Ijob mit Gott redend, sagen müssen, erfahren wir erst in voller Dringlichkeit, wie sehr wahrhaftig auch heute noch, auch für uns, Advent ist. Ich denke, dass wir dieses zuallererst einfach annehmen sollten. Advent ist eine Wirklichkeit auch für die Kirche. Gott hat die Geschichte nicht eingeteilt in eine helle und in eine dunkle Hälfte. Er hat die Menschen nicht eingeteilt in solche, die er erlöst, und in solche, die er vergessen hat. Es gibt nur eine einzige, unteilbare Geschichte, die als ganze gekennzeichnet ist durch die Schwachheit und Erbärmlichkeit des Menschen und die als ganze steht unter der erbarmenden Liebe Gottes, die diese Geschichte immerfort umfängt und trägt.[1]

Unser Jahrhundert nötigt uns, die Wahrheit des Advent ganz neu zu erlernen: die Wahrheit nämlich, dass immer schon Advent war, aber auch immer noch Advent ist. Dass die ganze Menschheit eine einzige ist vor Gottes Angesicht. Dass die ganze Menschheit im Dunkel steht, dass aber auch die ganze Menschheit angeleuchtet ist von Gottes Licht. Wenn es aber so steht, dass Advent immer schon war und immer noch ist, dann heißt dies auch, dass für keine Periode der Geschichte Gott gleichsam nur Vergangenheit wäre, die schon hinter uns liegt und in der schon alles getan worden ist. Sondern für uns alle ist Gott der Ursprung, aus dem wir kommen, aber immer auch die Zukunft, der wir entgegengehen. Und es bedeutet weiterhin, dass Gott für uns alle gar nicht anders zu finden ist, als indem wir ihm entgegengehen als dem Kommenden, der unseren Aufbruch erwartet und verlangt. Man kann Gott gar nicht anders finden als in diesem Exodus, in diesem Herausgehen aus der Behaglichkeit unserer Gegenwart in das Verborgene der kommenden Helligkeit Gottes hinein. Das Bild von Mose, der auf den Berg hinaufsteigen und in die Wolke eintreten musste, um Gott zu finden, bleibt gültig für alle Zeiten. Gott kann – auch in der Kirche – nicht anders gefunden werden, als indem wir den Berg hinaufgehen und in die Wolke des Inkognito Gottes eintreten, der in dieser Welt der Verborgene ist. Den Hirten von Betlehem ist am Anfang der neutestamentlichen Heilsgeschichte auf andere Weise das Gleiche bedeutet worden. Ihnen wurde gesagt: »Dies soll euch zum Zeichen sein: Ihr werdet ein Kind finden, das in Windeln eingewickelt ist und in einer Krippe liegt« [Lk 2,12]. Mit anderen Worten: Das Zeichen für die Hirten ist, dass sie *kein* Zeichen antreffen, sondern einfach den Kind gewordenen Gott – und in dieser Verborgenheit Gottes Nähe glauben müssen. Ihr Zeichen verlangt von ihnen, zu lernen, Gott im Inkognito seiner Verborgenheit zu entdecken. Ihr Zeichen verlangt von ihnen, zu erkennen, dass Gott nicht in den fassbaren Ordnungen dieser Welt zu finden ist, sondern nur dann gefunden werden kann, wenn wir über sie hinauswachsen.

Gewiss, Gott hat sich auch in der Größe und Gewalt des Kosmos ein Zeichen gesetzt, hinter dem wir etwas von der Macht des Schöpfers ahnen. Aber das eigentliche Zeichen, das er gewählt hat, ist die Verborgenheit, von dem armseligen Volk Israel angefangen über das Kind von Betlehem bis zu dem, der am Kreuze mit den Worten stirbt: »Mein Gott, mein Gott, warum hast Du mich verlassen?« [Mt 27,46] Dies Zeichen der Verborgenheit weist uns darauf hin, dass die Wirklichkeiten der Wahrheit und der Liebe, die eigentlichen Wirklichkeiten Gottes, in der Welt der Quantitäten nicht anzutreffen sind, sondern nur dann gefunden werden können, wenn wir über sie hinauswachsen in eine neue Ordnung hinein.[2] Pascal hat diesen Gedanken ausgedrückt in seiner großartigen Lehre von den drei Ordnungen. Da gibt es nach ihm zunächst die Ordnung der Quantitäten, und sie ist gewaltig und unausmessbar: der unerschöpfliche Gegenstand der Naturwissenschaften. Die Ordnung des Geistes – der zweite große Wirklichkeitsbereich – erscheint daneben, vom Quantitativen her, wie das reine Nichts, denn sie nimmt quantitativ keinen messbaren Raum ein. Und trotzdem ist ein einziger Geist [Pascal nennt den mathematischen Geist des Archimedes als Beispiel] – ein einziger Geist, so sagten wir, ist größer als die ganze Ordnung des quantitativen Kosmos, weil dieser Geist, der weder Gewicht noch Länge noch Breite hat, den ganzen Kosmos messen kann. Aber wiederum darüber steht die Ordnung der Liebe. Auch sie ist zunächst in der Ordnung des »Geistes«, der wissenschaftlichen Intelligenz, wie Archimedes sie vertritt, ein reines Nichts, denn sie entzieht sich der wissenschaftlichen Belegbarkeit und trägt selbst nichts dazu bei. Und dennoch ist abermals eine einzige Regung der Liebe unendlich größer als die ganze Ordnung des »Geistes«, weil sie erst die wahrhaft schöpferische, Leben gebende und rettende Macht darstellt.[3] In dieses »Nichts« der Wahrheit und der Liebe, das dennoch in Wirklichkeit das wahre Ein und Alles ist, will uns das Inkognito Gottes hineinführen, der deshalb in dieser Welt der Verborgene ist und nicht anders als in der Verborgenheit gefunden werden kann.

Es ist Advent. All unser Antworten bleibt Stückwerk. Das Erste, was wir annehmen müssen, ist immer wieder diese Wirklichkeit des ständigen Advent. Tun wir es, so werden wir anfangen zu erkennen, dass die Grenze zwischen »vor Christus« und »nach Christus«

nicht äußerlich durch die Geschichtszeit hindurchläuft und nicht auf der Landkarte aufzuzeichnen ist, sie geht hindurch durch unser eigenes Herz. Soweit wir aus dem Egoismus, aus der Selbstsucht leben, sind wir auch heute »vor Christus«. In dieser adventlichen Zeit aber wollen wir den Herrn bitten, dass er uns schenken möge, immer weniger »vor« Christus und erst recht nicht »nach« Christus, sondern wahrhaft *mit* Christus und in Christus zu leben: mit ihm, der ja ist der Christus gestern, heute und in Ewigkeit [Hebr 13,8]. Amen.

ZWEITE PREDIGT

Glaube als Dienst

Das Heil der Christen und das Heil der Welt

Der heilige Ignatius von Loyola, der in seinem Exerzitienbüchlein den Weg seiner Bekehrung vom Weltdienst zum Dienst Jesu Christi aufgezeichnet hat, fordert denjenigen, der mit ihm in den Exerzitien diesen Weg gehen will, auf, am ersten Tag der zweiten Woche nachzudenken über das christliche Grundgeheimnis der Menschwerdung Gottes. Wie es der Art dieser seiner Betrachtungen entspricht, schlägt er vor, sich zunächst die Situation zu vergegenwärtigen, die den

Hintergrund dieses Ereignisses bildet. Im Exerzitienbüchlein heißt es darüber: »Die erste Einstellung ist, den Vorgang vergegenwärtigen, den ich betrachten soll. Hier, wie die drei göttlichen Personen die ganze Fläche oder das gesamte Erdenrund voll von Menschen überschauten und, sehend wie alle zur Hölle abstiegen, in ihrer Ewigkeit beschlossen, dass die zweite Person sich zum Menschen mache, um das Menschengeschlecht zu retten, und, als die Fülle der Zeit gekommen war, den Engel Gabriel zu Unserer Herrin sandten.« Ignatius sieht vor sich eine Welt, die heillos der ewigen Verlorenheit der Hölle preisgegeben ist. Der Gedanke, dass alle Menschen vor Christus und alle, die nach ihm außerhalb des Glaubens der Kirche geblieben sind, dieses Schicksal erleiden, war wohl einer der Hauptantriebe, die ihn bewegten, sich mit solcher Inbrunst fortan dem Dienst der Verkündigung des Evangeliums hinzugeben. Wie wichtig ihm dieser wahrhaft erregende, ja unheimliche Gedanke war, kann man daraus sehen, dass er in derselben Betrachtung noch zweimal auftaucht. Noch zweimal wird der Nachdenkende aufgefordert, mit den Augen Gottes auf die Welt herunterzuschauen, um zu sehen, wie alle Menschen bis zur Menschwerdung Christi hin in die Hölle hinabsteigen.[4] Die Erschütterung, die von einem solchen Gedanken ausgehen muss, und der Impuls zum Dienst an den Menschen, den er entbindet, steht auch hinter dem Werk des großen Jesuitenmissionars Franz Xaver. Er hat die Exerzitien im Geist seines Ordensvaters vollzogen und ist, von solchen Erfahrungen getroffen, hinausgegangen, um das Wort Gottes in aller Welt zu verkündigen und so viele wie möglich von dem furchtbaren Schicksal ewiger Verlorenheit zu erretten.[5]

Wenn wir heute versuchen wollten, die Betrachtung des heiligen Ignatius zu wiederholen, würden wir sehr schnell erkennen, dass wir den eben geschilderten Gedanken schlechterdings nicht mehr vollziehen können. Alles, was wir von Gott glauben und was wir vom Menschen wissen, hindert uns daran, anzunehmen, dass an den Grenzen der Kirche kein Heil mehr sei, dass bis zu Christus hin alle Menschen dem Schicksal ewiger Verlorenheit unterworfen gewesen seien. Wir sind nicht mehr fähig und bereit zu denken, dass unser Nachbar, der ein anständiger und guter Mensch ist und vieles uns voraus hat, nur deswegen, weil er nicht katholisch ist, ewig verloren sein soll. Wir sind nicht mehr bereit und willens zu denken, dass die Menschen in Asien, in Afrika oder wo immer es sein möge, nur daraufhin, dass nicht »katholisch« in ihrem Pass steht, ewiger Verderbnis anheim fallen sollen. Tatsächlich hat man vor und nach Ignatius sich in der Theologie vielerlei Gedanken darüber gemacht, wie es zugehen könne, dass die Menschen trotzdem auf irgendeine Weise, ohne es zu wissen, zur Kirche und zu Christus gehören und also doch gerettet werden können. Und auch heute noch wird auf solche Überlegungen viel Scharfsinn verwendet.

Aber wenn wir ehrlich sind, werden wir zugeben müssen, dass dies gar nicht mehr unser Problem ist. Unsere Frage ist gar nicht, ob die anderen gerettet werden können und wie. Wir sind überzeugt, dass Gott es mit und ohne unsere Theorie, mit und ohne unseren

Scharfsinn tun kann und tut und dass wir ihm nicht mit unseren Gedanken zu helfen brauchen dabei. Die Frage, die uns in Wirklichkeit bewegt, geht gar nicht darum, ob und wie Gott es einrichtet, dass er die *anderen* retten kann.

Die Frage, die uns bedrängt, heißt viel eher, wieso es eigentlich noch nötig ist, dass *wir* den ganzen Dienst des christlichen Glaubens tun; wieso es, wenn auch so viele andere Wege zum Himmel und zum Heile führen, dennoch von uns verlangt sein soll, dass wir die ganze Last des kirchlichen Dogmas und des kirchlichen Ethos tragen, Tag um Tag. Und damit stehen wir von einem anderen Ausgangspunkt her wieder vor der gleichen Frage, die wir gestern im Gespräch mit Gott erhoben haben und mit der wir auseinander gegangen sind: Welches ist eigentlich die christliche Wirklichkeit, die über den bloßen Moralismus hinausgehende Realität des Christlichen? Worin besteht jenes Besondere des Christentums, das es nicht nur rechtfertigt, sondern zwingend nötig macht, dass wir Christen sind und als solche leben?

Dass es darauf keine Antwort gibt, die wie ein mathematisches Ergebnis jeden Widerspruch in der unumstößlichen Eindeutigkeit der wissenschaftlichen Klarheit auflöst, ist uns gestern wohl deutlich geworden. Das Ja zur Verborgenheit Gottes ist ein wesentlicher Teil jener Bewegung des Geistes, die wir Glaube heißen. Noch eine weitere Vorüberlegung ist vonnöten. Wenn wir die Frage nach dem Grund und dem Sinn unserer christlichen Existenz stellen, so wie sie vorhin vor uns aufgetaucht ist, steckt darin leicht ein falsches Schielen nach dem vermeintlich leichteren und bequemeren Leben der anderen, die »auch« in den Himmel kommen. Wir gleichen zu sehr den Arbeitern der ersten Stunde, von denen das Weinberggleichnis des Herrn erzählt [Mt 20,1–16]. Sie sahen nicht mehr ein, warum sie eigentlich den ganzen Tag sich geplagt hatten, als sie feststellen mussten, dass der Tageslohn eines Denars auch sehr viel einfacher zu erhalten war. Aber woher nahmen sie eigentlich die Gewissheit, dass es so viel bequemer ist, arbeitslos zu sein als zu arbeiten? Und warum eigentlich gefiel ihnen ihr Lohn nur unter der Voraussetzung, dass es anderen schlechter ging als ihnen? Aber das Gleichnis ist ja nicht wegen der Arbeiter von damals da, sondern unsertwegen. Denn in unserem Fragen nach dem christlichen Warum tun wir genau das, was jene Arbeiter getan haben. Wir setzen voraus, dass geistliche »Arbeitslosigkeit« – ein Leben ohne Glaube und Gebet – angenehmer ist als geistlicher Dienst. Aber woher eigentlich wissen wir das? Wir starren auf die Mühsal des christlichen Alltags und vergessen darüber, dass der Glaube nicht nur eine Last ist, die uns drückt, sondern zugleich ein Licht, das uns Weisung gibt und Weg und Sinn. Wir sehen in der Kirche nur die äußere Ordnung, die unsere Freiheit begrenzt, und wir übersehen darüber, dass sie uns eine geistige Heimat ist, in der wir geborgen sind im Leben und im Sterben. Wir sehen nur unsere eigene Last und vergessen, dass es auch die Last der anderen gibt, selbst wenn wir sie nicht kennen. Und vor allem: Welch seltsame Haltung ist das eigentlich, dass wir den christlichen Dienst nicht mehr lohnend finden, wenn es auch ohne ihn den Denar des

Heils zu erlangen gibt? Wir wollen anscheinend nicht nur mit unserem Heil, sondern vor allem mit dem Unheil der anderen belohnt sein – wie die Arbeiter der ersten Stunde. Das ist höchst menschlich, aber das Gleichnis des Herrn will uns mit Nachdruck bewusst machen, wie tief unchristlich es zugleich ist. Wer das Unheil der anderen gleichsam als Bedingung ansieht für seinen Dienst als Christ, der kann am Schluss nur murrend von dannen gehen, weil *diese* Art von Lohn der Güte Gottes widerstreitet.

Menschwerdung Gottes, Christwerdung des Menschen

So kann unsere Frage nicht sein, warum Gott die »anderen« retten darf. Das ist seine, nicht unsere Sache. Wohl aber können und müssen wir, mit all den Begrenzungen freilich, zu denen die bisherigen Überlegungen uns geführt haben, uns täglich neu darauf zu besinnen versuchen, was der Sinn *unseres* Christenstandes ist, warum Gott *uns* als Gläubige gerufen hat. Dies wiederum ist nur eine andere Form der Frage, was eigentlich der Sinn der

Menschwerdung Gottes war: Wozu ist er in die Welt gekommen, wenn er sie nicht verändert hat, wenn sie nicht nach ihm zu einer erlösten Welt geworden ist?

Einen ersten Versuch einer Antwort darauf haben wir gestern schon angerührt. Die Kraft Christi, so sagten wir, reicht weiter und ist großzügiger, als die Einteilung der Welt in eine erlöste und eine unerlöste Periode wahrhaben will. Sie reicht nicht bloß [wie seltsam wäre das auch!] zu denen hin, die *nach* ihm sind, sondern sie trifft das Ganze und stellt freilich auch alle in die Freiheit ihres eigenen Antwortgebens hinein. In der Tat haben die Kirchenväter das uns so geläufige Wort von der Zeitenwende, von der *Mitte* der Zeiten, in der Christus gekommen sei, nicht gekannt, sondern davon gesprochen, dass Christus am *Ende* der Zeiten gekommen sei. Das will sagen, dass er das Ziel und der tragende Sinn des *Ganzen* ist.[6]

In unserem heutigen Weltbild können wir uns vielleicht auf eine neue Weise diese Tatsache veranschaulichen. Für uns erscheint ja heute die Welt nicht mehr als ein festes, wohl geordnetes Gehäuse, in dem jedes Ding von Anfang an seinen fest bestimmten Platz hat, in dem von immerdar alles fest geschaffen an seinem Orte besteht. Für uns erscheint die Welt viel eher als eine einzige große Bewegung des Werdens, als eine Symphonie des Seins, die sich in der Zeit nur Schritt um Schritt entfaltet.

Wenn wir versuchen, diese Symphonie des Werdens, soweit wir es als Menschen vermögen, nachzudenken in ihren Aufstiegen und Abstürzen, in ihrem Reichtum und in ihrem Versagen, werden wir einen Punkt darin feststellen können, der uns als eine entscheidende Wende dieser kosmischen Symphonie erscheint, mit der etwas ganz Neues und doch immer schon Gewolltes und als geheimes Thema Wirkendes beginnt: Ich meine den Punkt, an dem zum ersten Mal in der Welt Geist erwacht ist, an dem zum ersten Mal ein Bewusstsein aufstand, das nicht bloß, wie die anderen Dinge, da ist, sondern fähig ist, sich selbst und die Welt zu denken, und das fähig ist, auf das Ewige, auf Gott hinüberzuschauen. Alles, was vorangegangen war, hat von dieser Tatsache her, dass Geist aufstand, einen neuen Sinn erhalten. Es erscheint nun als Vorbereitung dieses Durchbruchs, der Geist nimmt es in seine Dienste und gibt ihm so eine neue Bedeutung, die es aus sich selber nicht hatte. Und dennoch: Wenn bloß der menschliche Geist existieren würde, wäre am Ende die Bewegung des Kosmos ein tragischer Lauf ins Leere hinein, weil wir alle wissen, dass der Mensch allein sich selbst und der Welt keinen genügenden Sinn zu geben vermag.

Wenn wir indes im Glauben die Welt anschauen, wissen wir, dass es in ihr noch einen zweiten Punkt des Umbruchs gibt: Jenen Augenblick, in dem Gott Mensch geworden ist, in dem nicht mehr bloß der Durchbruch von Natur zu Geist erfolgt ist, sondern der Durchbruch von Schöpfer zu Geschöpf. Jenen Augenblick, in dem an einer Stelle Welt und Gott eins geworden sind. Der Sinn aller nachfolgenden Geschichte kann im Grunde nur noch der sein, die ganze Welt einzuholen in diese Vereinigung und ihr von daher den erfüllten Sinn zu geben, eins zu sein mit ihrem Schöpfer. »Gott ist Mensch geworden, damit die Menschen zu Göttern würden«, hat der heilige Bischof Athanasius von Alexandrien gesagt. Tatsächlich können wir sagen, dass hier der eigentliche Sinn der Geschichte sich uns anzeigt. Im Durchbruch von Welt zu Gott erhält alles Vorangehende und alles Nachfolgende seinen Sinn als Einbeziehung der großen kosmischen Bewegung in die Vergöttlichung, in die Rückkehr zu dem, von dem es ausgegangen ist.

Wenn wir an dieser Stelle weiterdenken und nun auf uns selbst hinschauen, wird sichtbar, dass das, was zunächst vielleicht nur wie irgendeine Spekulation über die Welt und die Dinge erscheint, ein ganz persönliches Programm für uns selbst enthält. Denn die ungeheure Möglichkeit des Menschen ist es, sich in diese Linie einzuordnen und so teilzugewinnen an dem Sinn des Ganzen, oder sich dieser Linie zu verweigern und damit sein Leben in die Sinnlosigkeit zu führen. Christsein aber heißt nichts anderes, als Ja sagen zu dieser Bewegung und sich in ihren Dienst stellen. Christwerden ist nicht Versicherung auf eine individuelle Prämie hin; es ist nicht die private Buchung einer Eintrittskarte in den Himmel, so dass wir dann auf die anderen hinüberschauen und sagen könnten: »Ich habe, was die anderen nicht haben; mir ist das Heil besorgt, das die anderen nicht besitzen.« Christwerden ist gar nicht etwas, was uns gegeben wird, damit wir, der jeweils Einzelne, es einstecken und uns von den anderen absetzen, die leer ausgehen. Nein: Christ wird man in einem gewissen Sinne gar nicht für sich, sondern für das Ganze, für die anderen, für alle. Die Bewegung der Christwerdung, die in der Taufe beginnt und die wir in unserem ganzen Leben zu vollziehen haben, bedeutet das Bereitsein zu einem Dienst, den Gott von uns in der Geschichte will. Sicher können wir nicht immer im Einzelnen durchreflektieren, warum dieser Dienst so jetzt von mir getan werden muss. Das widerspricht dem Geheimnis der Geschichte, die aus dem Undurchschaubaren der Freiheit des Menschen und der Freiheit Gottes gewoben ist. Es darf uns genügen, im Glauben zu wissen, dass wir, indem wir Christen werden, uns zu einem Dienst für das Ganze zur Verfügung halten. Christwerden heißt also nicht, etwas für sich allein ergreifen; es heißt im Gegenteil: Herausgehen aus dem Egoismus, der nur sich selber kennt und meint, und hineingehen in die neue Existenzform dessen, der im Füreinander lebt.

Der Sinn
der Heilsgeschichte

Auf dieser Ebene müssten wir die ganzen Dinge der christlichen Heilsgeschichte verstehen. Nur so können wir überhaupt die Heilige Schrift begreifen. Wenn wir auf das Alte Testament hinschauen, auf die Erwählung Israels: Gott hat ja Israel nicht genommen, um sich nur um dieses eine Volk zu kümmern und alle anderen sich selbst zu überlassen. Er hat es genommen, um es für einen Dienst zu gebrauchen. Und so ist es wiederum, wenn wir auf Christus und auf die

Kirche hinschauen. Wiederum geht es nicht darum, dass die einen geliebt und die anderen vergessen werden von Gott, sondern darum, dass alle füreinander da sind. Das Geheimnis Israels und das Geheimnis der Kirche wollen beide uns dies eine und Gleiche lehren, dass Gott nur durch Menschen zu den Menschen kommen will. Dass er nicht senkrecht seinen Blitz auf den Einzelnen herniederfahren lässt, so dass Glaube und Religion sich nur zwischen ihm und diesem Einzelnen abspielen würden. Er will vielmehr in unserem Dienen füreinander und miteinander den Sinn der Geschichte erbauen. So heißt Christsein immerfort und zuerst dieses sich Losreißenlassen vom Egoismus dessen, der nur für sich lebt, und das Eintreten in die große Grundorientierung des Füreinanderseins.

All die großen Bilder der Heiligen Schrift meinen im Grunde dieses. Das Bild vom Pascha, das sich im neutestamentlichen Geheimnis von Tod und Auferstehung erfüllt; das Bild vom Exodus, vom Auszug aus dem Gewohnten und Eigenen, das bei Abraham anfängt und die ganze Zeit über ein Grundgesetz der Heiligen Geschichte bleibt: Alles will diese eine Grundbewegung des Sich-Lösens von dem bloßen Sein für sich selbst ausdrücken. Am tiefsten hat es Christus der Herr ausgesagt in dem Gesetz des Weizenkornes, welches zugleich zeigt, dass dieses Grundgesetz nicht bloß die ganze Geschichte, sondern im Voraus schon die ganze Schöpfung Gottes prägt: »Wahrlich, wahrlich, ich sage euch, wenn das Weizenkorn nicht in die Erde fällt und stirbt, bleibt es allein; wenn es aber stirbt, trägt es viele Frucht« [Joh 12,24f.].

Christus hat in seinem Tod und seiner Auferstehung das Gesetz des Weizenkorns erfüllt. Er ist in der Eucharistie, im Brote Gottes, wahrhaft zu der hundertfältigen Frucht geworden, von der wir noch immer leben. Aber in diesem Geheimnis der heiligen Eucharistie, in dem er noch immer der wahrhaft und gänzlich Für-uns-Seiende ist, fordert er uns auf, Tag für Tag in dieses Gesetz einzutreten, das letztlich nur der Ausdruck für das Wesen der wahren Liebe ist. Denn im Grunde kann Liebe gar nichts anderes bedeuten, als dass wir uns trennen lassen von dem verengten Blick auf das eigene Ich und dass wir anfangen, hinauszugehen aus unserem Selbst, um da zu sein für die anderen. Zuletzt ist die Grundbewegung des Christentums nichts anderes als die einfache Grundbewegung der Liebe, in der wir teilnehmen an der schöpferischen Liebe Gottes selbst.

Wenn wir also sagen werden, dass der Sinn des christlichen Dienstes, der Sinn unseres christlichen Glaubens, sich nicht vom einzelnen Gläubigen allein her bestimmen lässt, sondern davon, dass wir für das Ganze und im Ganzen einen unersetzlichen Ort einnehmen; wenn wir sagen, dass wir Christen sind nicht für uns selbst, sondern weil Gott im Großen der Geschichte diesen Dienst von uns will und braucht, so dürfen wir dennoch darüber nicht dem anderen Irrtum verfallen, als ob der Einzelne nur ein Rädchen in der großen Maschinerie des Kosmos wäre. Obwohl es wahr ist, dass Gott nicht bloß die Einzelnen, sondern uns alle im Miteinander und Füreinander will, bleibt es dennoch zugleich wahr, dass er jeden Einzelnen als solchen kennt und liebt. Jesus Christus, der Sohn Gottes und Sohn des Menschen, in dem der entscheidende Durchbruch der Weltgeschichte auf die Vereinigung von Geschöpf und Gott hin geschehen ist, war ein Einzelner, geboren von einer menschlichen Mutter. Er hat sein einmaliges Leben gelebt, sein persönliches Angesicht getragen und ist seinen Tod gestorben. Es bleibt der Anstoß und die Größe der christlichen Botschaft, dass das Schicksal der ganzen Geschichte, unser Schicksal, an einem Einzelnen: an Jesus von Nazaret hängt.

An seiner Gestalt wird beides zugleich sichtbar: wie wir füreinander da sind und voneinander leben, und wie Gott dennoch gerade darin den Einzelnen unverwechselbar kennt und liebt. Ich denke, dass uns beides zugleich innerlich treffen soll. Wir sollen einerseits dieses Verständnis des Christentums als Füreinander in uns aufnehmen. Aber wir sollen nicht minder von dieser großen Gewissheit und Freudigkeit leben, dass Gott *mich*, diesen Menschen, liebt; dass er jeden liebt, der Menschenantlitz trägt, wie verstört und geschändet dieses Menschenantlitz auch sein mag. Und wenn wir sagen »Gott liebt mich«, sollten wir darin nicht bloß die Verantwortung empfinden, die Gefahr, dieser Liebe unwürdig zu werden, sondern das Wort von der Liebe und von der Gnade in seiner ganzen Größe und Lauterkeit nehmen. Darin steckt ja nicht minder auch dies, dass Gott der Verzeihende und der Gütige ist. Vielleicht haben wir in der kirchlichen Verkündigung die großen Vergebungsgleichnisse aus einer falschen pädagogisch-moralischen Ängstlichkeit heraus allzu sehr neutralisiert und mit Sicherungen umgeben: das Gleichnis vom Gläubiger, der eine Millionenschuld erlässt; das Gleichnis vom Hirten, der gerade dem verlorenen Schaf nachgeht, und von der Frau, die sich über die verlorene und wiedergefundene Drachme mehr freut als über alles, was sie nie verloren hat. Hinter der Kühnheit dieser Gleichnisse steht die Kühnheit der Tatsachen des Lebens Jesu um nichts zurück, wenn wir den Zöllner Levi und die Dirne Magdalena unter seinen engsten Jüngern finden. In der Kühnheit dieser Botschaft ist aber doch beides gegeben, was wir brauchen: Wer wahrhaft glaubt, für den ist klar, dass er die Gewissheit göttlichen Verzeihens nicht ausnützt als Freibrief zur Hemmungslosigkeit, so wie ein Liebender die Unzerstörbarkeit der Liebe des anderen nicht ausnützt, sondern sich von ihr erst vollends aufgefordert fühlt, solcher Liebe auch seinerseits nach Kräften würdig zu werden. Aber solches Wollen, zu dem uns der Glaube an die Liebe herausfordert, beruht auf keiner Furcht, sondern auf der völligen und fröhlichen Gewissheit, dass Gott wahrhaft – und nicht bloß in frommen Phrasen – größer ist als unser Herz [1 Joh 3,20].

Vielleicht lohnt es sich, am Ende noch einmal zu überlegen, wie die Betrachtung des heiligen Ignatius heute aussähe, wenn wir sie in unserer geschichtlichen Stunde wieder anstellen würden. Das Entscheidende bleibt: Die Menschen vermögen von sich aus ihrer Geschichte keinen Sinn zu geben. Wenn sie allein gelassen würden, müsste in der Tat die Geschichte der Menschen ins Leere, in den Nihilismus, in die Sinnlosigkeit hineinlaufen. Niemand hat das tiefer begriffen als die

Dichter unserer Zeit, die in dieser Einsamkeit des allein gelassenen Menschen leben und empfinden, die die Langeweile und Vergeblichkeit als das Grundgefühl dieses Menschen beschreiben, der sich selbst und den anderen zur Hölle wird.

Bleiben wird des Weiteren die Erkenntnis, dass durch Christus dies Ganze einen Sinn gewonnen hat, dass im Durchbruch vom Schöpfer zum Geschöpf aus der Bewegung ins Leere eine Bewegung in die Fülle ewigen Sinnes hinein geworden ist. Aber über Ignatius hinaus werden wir heute hinzunehmen, dass das Erbarmen Gottes, das in Christus erschienen ist, reich genug ist für alle. Es ist so reich, dass es auch uns noch einfordert als Werkzeuge seines Erbarmens und seiner Güte. Und dazu sind wir Christen. Gott möge uns helfen, dass wir es recht seien. Amen.

DRITTE PREDIGT

Über allem:
Die Liebe

Die Liebe genügt

Eine Geschichte aus dem Spätjudentum der Zeit Jesu erzählt, dass eines Tages ein Heide zu dem berühmten Schuloberhaupt Rabbi Schammai kam und zu ihm sagte, er sei willens, sich der jüdischen Religion anzuschließen, wenn der Rabbi imstande sei, deren Inhalt in der Zeitspanne zu sagen, die man auf einem Fuße stehen kann. Der Rabbi überdachte wohl in Gedanken die fünf gedankenschweren Bücher Mose und alles, was die jüdische Auslegung inzwischen hinzugefügt und als gleichfalls verbindlich, notwendig und unumgänglich für das Heil erklärt hatte. Wie er all dieses im Geiste überschlug, musste er schließlich gestehen, dass es ihm unmöglich sei, die Fülle dessen, was zur Religion Israels gehöre, in ein paar kurzen Sätzen zusammenzufassen. Der seltsame Bittsteller ließ sich nicht entmutigen. Er ging – wenn wir es so ausdrücken wollen – zur Konkurrenz: zu dem anderen berühmten Schuloberhaupt, Rabbi Hillel, und trug ihm dieselbe Bitte vor. Im Gegensatz zu Rabbi Schammai fand Hillel nichts Unmögliches in diesem Ansinnen und antwortete ohne Umschweif: »Was dir selbst widerwärtig ist, das tue auch deinem Nächsten nicht an. Das ist das ganze Gesetz. Alles andere ist Auslegung.«[7]

Wenn derselbe Mann heute zu irgendeinem gelehrten christlichen Theologen ginge und ihn bitten würde, ihm in fünf Minuten eine kurze Einführung in das Wesen des Christentums zu geben, würden wahrscheinlich alle Professoren sagen, das sei unmöglich: Sie bräuchten ohnedies schon sechs Semester allein für die Hauptfächer der Theologie und selbst dabei würden sie noch kaum zu Rande kommen. Und dennoch könnte wiederum diesem Mann geholfen werden. Denn die Geschichte von Rabbi Hillel und Schammai hat sich wenige Jahrzehnte, nachdem sie zuerst geschehen war, in veränderter Gestalt noch einmal abgespielt. Diesmal stand ein Rabbi vor Jesus von Nazaret und fragte ihn: »Was muss ich tun, um das Heil zu erlangen?« Es ist die Frage nach dem, was Christus selbst als das unumgänglich Notwendige an seiner Botschaft ansieht. Die Antwort des Herrn lautete: »Du sollst Gott, deinen Herrn, lieben aus deinem ganzen Herzen, mit deiner ganzen Seele und mit deinem ganzen Geist. Dies ist das größte und erste Gebot. Ein zweites aber ist diesem gleich: Du sollst deinen Nächsten lieben wie dich selbst. An diesen zwei Geboten hängt das ganze Gesetz und die Propheten« [Mt 22,35–40]. Das also ist der ganze Anspruch Jesu Christi. Wer dies tut – wer die Liebe hat –, der ist ein Christ; er hat alles [vgl. auch Röm 13,9f.].

Dass das von Christus nicht bloß als trostvolle Redensart gemeint ist, die man nicht überfordern darf, sondern in vollem, vorbehaltlosem Ernst zu verstehen ist, zeigt jener andere Text, in dem er gleichnishaft das Weltgericht schildert. Das Gericht stellt ja den eigentlichen, endgültigen Ernstfall dar; es ist die Probe, bei der sich zeigen muss, wie denn die Dinge wirklich stehen. Denn dabei geht es unwiderruflich um des Menschen ewiges Geschick. Im Gleichnis vom letzten Gericht sagt nun der Herr, dass der Weltenrichter auf zwei Gruppen von Menschen stoßen wird. Zu den einen wird er sagen: »Kommet, ihr Gesegneten meines Vaters, nehmt Besitz von dem Reich, das euch seit Grundlegung der Welt bereitet ist. Denn ich war hungrig und ihr habt mich gespeist; ich war durstig und ihr habt mich getränkt; ich war fremd und ihr habt mich beherbergt; ich war nackt und ihr habt mich bekleidet; ich war krank und ihr habt mich besucht; ich war im Gefängnis und ihr seid zu mir gekommen.« Und die Menschen werden sagen: Wann haben wir das alles getan; wir sind dir doch nie begegnet? Christus wird ihnen antworten: »Wahrlich, ich sage euch: Was ihr einem von diesen meinen Brüdern, den Geringsten, getan habt, das habt ihr mir getan.« Bei der anderen Gruppe wird es umgekehrt sein. Ihnen wird der Richter sagen: »Gehet weg von mir, ihr Verdammten, in das ewige Feuer, das dem Teufel und seinen Engeln bereitet ist. Denn ich war hungrig und ihr habt mich nicht gespeist; ich hatte Durst und ihr habt mich nicht getränkt; ich war fremd und ihr habt mich nicht beherbergt; ich war nackt und ihr habt mich nicht bekleidet; ich war krank und im Gefängnis und ihr habt mich nicht besucht.« Und auch diese Menschen werden fragen: Wann war denn das alles? Hätten wir dich doch gesehen, alles hätten wir dir gegeben. Und wieder wird ihnen gesagt werden: »Was ihr den Geringsten nicht getan habt, das habt ihr mir nicht getan« [Mt 25,31–46]. Der Weltenrichter fragt nach diesem Gleichnis nicht, was ein Mensch für Theorien über Gott und Welt gehabt hat. Er fragt nicht nach dem dogmatischen Bekenntnis, er fragt allein nach der Liebe. Sie genügt und sie rettet den Menschen. Wer liebt, ist ein Christ.

Wie groß für den Theologen die Versuchung auch sein mag, an dieser Aussage herumzudeuten, ihr doch ein Wenn und ein Aber zu geben: Wir dürfen und müssen sie in ihrer ganzen Größe und Einfachheit annehmen, ohne alle Bedingungen – so wie der Herr sie hingestellt hat. Das heißt natürlich nicht, dass wir übersehen müssten, dass diese Worte keine kleine Aussage und keinen geringen Anspruch an den Menschen darstellen. Denn die Liebe, die hier als der Inhalt des Christseins geschildert wird, verlangt von uns, dass wir versuchen, so zu lieben, wie Gott liebt. Er liebt uns nicht deswegen, weil wir besonders gut, besonders tugendhaft, besonders verdienstvoll sind, weil wir ihm etwa nützlich oder gar nötig wären – er liebt uns, nicht weil *wir* gut sind, sondern weil *er* gut ist. Er liebt uns, obwohl wir ihm nichts zu bieten haben; er liebt uns selbst noch in den Lumpengewändern des verlorenen Sohnes, der nichts Liebenswertes mehr an sich trägt. Auf christliche Weise lieben, heißt diesen Weg nachzugehen versuchen: dass wir nicht nur den lieben, der uns sympathisch ist, der uns gefällt, der zu uns passt, und erst recht nicht bloß den, der uns etwas zu bieten hat oder von dem wir Vorteile zu erhoffen haben. Christlich, das heißt im Sinne Christi lieben, bedeutet, dass wir gut sind zu dem, der unsere Güte braucht, auch wenn er uns nicht sympathisch ist. Es heißt, sich auf den Weg Jesu Christi einlassen und damit so etwas wie eine kopernikanische Wende des eigenen Lebens vollziehen. Denn in einem gewissen Sinne leben wir sozusagen alle noch vor Kopernikus. Nicht nur, dass wir dem Augenschein nach meinen, dass die Sonne auf- und untergeht und sich um die Erde herumdreht, sondern in einem viel tieferen Sinne. Denn wir alle tragen jene angeborene Illusion mit uns, kraft deren ein jeder sein Ich als den Mittelpunkt nimmt, um den herum sich die Welt und die Menschen zu drehen haben. Wir alle müssen uns immer wieder dabei entdecken, dass wir die anderen Dinge und Menschen nur in Beziehung zum eigenen Ich konstruieren und sehen, sie gleichsam als Satelliten betrachten, die sich um den Mittelpunkt unseres Ich herumdrehen. Christwerden ist nach dem Gesagten etwas sehr Einfaches und dennoch sehr Umwälzendes. Es ist genau dieses, dass wir die kopernikanische Wende vollziehen und uns nicht mehr als den Weltenmittelpunkt betrachten, um den die anderen sich zu drehen haben, weil wir stattdessen anfangen, im vollen Ernst zu bejahen, dass wir eins von vielen Geschöpfen Gottes sind, die gemeinsam sich um Gott als die Mitte bewegen.

Wozu der Glaube?

Christsein heißt, die Liebe haben. Das ist unerhört schwer und unerhört einfach zugleich. Aber wie schwer es in vieler Hinsicht auch sein mag – dies zu erfahren ist doch eine tief befreiende Erkenntnis. Indes, Sie werden wahrscheinlich sagen: Nun schön, so steht es also mit der Botschaft Jesu, und das ist trostvoll und gut. Aber was habt ihr Theologen und Priester, was hat die Kirche daraus gemacht? Wenn die Liebe genügt, warum dann euer Dogma, warum dann der Glaube, der ewig mit der Wissenschaft konkurriert? Ist dann nicht wirklich wahr, was die liberalen Gelehrten gesagt haben, es sei die Verderbnis des Christentums gewesen, dass man, anstatt mit Christus vom Vatergott zu reden und untereinander Bruder zu sein, eine Lehre von Christus aufgebaut hat; dass man, anstatt auf den gegenseitigen Dienst hinzuführen, ein unduldsames Dogma erfunden hat; dass man, anstatt zur Liebe aufzurufen, den Glauben verlangt und das Christsein von einem Bekenntnis abhängig gemacht hat?

Ohne Zweifel: In dieser Frage wohnt ein ungeheurer Ernst, und wie alle wahrhaft großen Fragen ist sie nicht im Handumdrehen, mit einer runden Formel zu bewältigen. Zugleich aber ist nicht zu übersehen, dass sie auch eine Vereinfachung enthält. Um das in Blick zu gewinnen, brauchen wir nur das bisher Bedachte realistisch auf unser Leben anzuwenden. Christsein heißt: die Liebe haben; es heißt: die kopernikanische Wende des Daseins vollziehen, in der wir aufhören, uns selber zum Weltenmittelpunkt zu machen und die anderen sich nur um uns drehen zu lassen.

Wenn wir ehrlich und ernsthaft auf uns selbst hinschauen, hat diese wunderbar einfache Botschaft nicht nur etwas Befreiendes, sondern auch etwas sehr Bedrängendes an sich. Denn wer von uns kann sagen, dass er nie an einem Hungernden oder Dürstenden oder sonstwie an einem Menschen, der ihn gebraucht hätte, vorübergegangen ist? Wer von uns kann sagen, dass er wirklich in aller Einfalt den Dienst des Gutseins auf die anderen hin tut? Wer von uns muss nicht zugeben, dass selbst in der Güte, die er für die anderen aufbringt, immer noch ein Stück Egoismus, ein Stück Selbstzufriedenheit und Zurückschauen auf das eigene Ich hin lebt? Wer von uns muss nicht zugeben, dass er mehr oder weniger in der vorkopernikanischen Illusion lebt und die anderen nur in ihrer Beziehung zum eigenen Ich betrachtet und realisiert? So kann aber die große, befreiende Botschaft von der Liebe als dem einzigen und genügenden Inhalt des Christseins auch etwas sehr Bedrückendes werden.

An dieser Stelle setzt der Glaube ein. Denn er bedeutet im Grunde gar nichts anderes, als dass dieses Defizit unserer Liebe, das wir alle haben, aufgefüllt worden ist durch den stellvertretenden Überfluss der Liebe Jesu Christi. Er sagt uns einfach, dass Gott selber seine Liebe im Überfluss ausgegossen hat unter uns und dadurch unser aller Defizit im Voraus gedeckt hat. Glauben heißt letztlich gar nichts anderes als zugeben, dass wir ein solches Defizit haben; es heißt, die Hand aufmachen und sich beschenken lassen. In seiner einfachsten und innersten Form ist der Glaube nichts anderes als jener Punkt in der Liebe, an dem wir erkennen, dass wir auch selbst nötig haben, beschenkt zu werden. Glaube ist so jener Punkt in der Liebe, der sie erst als Liebe wirklich ausweist; er besteht darin, dass wir die Selbstgefälligkeit und Selbstzufriedenheit dessen überwinden, der sich genug ist und sagt: Ich habe alles getan, ich brauche keine Hilfe mehr. Erst in solchem »Glauben« endet der Egoismus, der eigentliche Gegenpol der Liebe. Insofern ist Glaube in der wahren Liebe mit anwesend; er ist einfach jenes Moment an der Liebe, das sie wahrhaft zu sich selber führt: die Offenheit dessen, der nicht auf seinem eigenen Können besteht, sondern sich als Beschenkten und als Bedürftigen weiß.

Selbstverständlich ist dieser Glaube vielfältiger Entfaltung und Auslegung fähig. Wir brauchen uns ja nur bewusst zu machen, dass die Geste der offenen Hand, der Einfalt des Empfangenkönnens, in der die Liebe erst ihre innere Lauterkeit empfängt, ins Leere hineingreift, wenn es den nicht gibt, der sie mit der Gnade der Vergebung erfüllt. Und so müsste noch einmal alles im Leerlauf, in der Sinnlosigkeit enden – wenn die Antwort nicht wäre, die Christus heißt. So liegt in der Geste des Glaubens, in welche die wahre Liebe übergehen muss, immer schon der verlangende Ausgriff auf das Christusgeheimnis, das dann, wenn es sich erschließt, notwendige Entfaltung dieser Grundgeste ist, die abzuweisen die Abweisung des Glaubens und der Liebe selber wäre.

Aber nun umgekehrt: So wahr dies ist, und so sehr es von daher eine unabdingbare Notwendigkeit des christologischen, des kirchlichen Glaubens gibt – es bleibt doch zugleich wahr, dass all dies, was uns im Dogma begegnet, letztlich nur Auslegung ist: Auslegung der einen entscheidenden und wahrhaft genügenden Grundwirklichkeit der Liebe Gottes und der Menschen. Und es bleibt mithin gültig bestehen, dass die wahrhaft Liebenden, die als solche zugleich Glaubende sind, Christen heißen dürfen.

Das Gesetz des Überflusses

Von diesem Grundverständnis des Christlichen her wird Schrift und Dogma auf eine neue Weise lesbar und verständlich. Ich nenne nur ein paar Beispiele, Texte der Heiligen Schrift, die uns zuerst ganz unzugänglich erscheinen und sich in diesem Licht mit einem Male öffnen. Erinnern wir uns etwa nochmal an das Wort der Bergpredigt, das uns vorgestern in seiner vollen Unheimlichkeit entgegengetreten war: »Ihr habt gehört, dass zu den Alten gesagt worden ist: Du sollst nicht töten! Wer tötet, soll dem Gericht verfallen. Ich aber sage euch: Jeder, der seinem Bruder zürnt, wird des Gerichtes schuldig sein. Wer aber zu seinem Bruder sagt ›Du Dummkopf‹, wird dem Hohen Rate verfallen; wer jedoch sagt ›Du Narr‹, wird dem höllischen Feuer verfallen« [Mt 5,21f.]. Wenn wir diesen Text lesen, drückt er uns nieder; er zerschlägt uns. Aber ihm geht ein Vers voraus, der dem Ganzen Sinn gibt, wenn es heißt: »Ich sage euch, wenn eure Gerechtigkeit nicht vollkommener sein wird als die der Schriftgelehrten und Pharisäer, werdet ihr nicht in das Himmelreich eingehen« [Mt 5, 20]. Das Leitwort dieses Verses heißt »vollkommener«. Der griechische Urtext ist noch stärker und lässt erst die eigentliche Absicht deutlich werden. Wörtlich übersetzt lautet er: »Wenn eure Gerechtigkeit nicht mehr Überfluss haben wird als die der Schriftgelehrten und Pharisäer …« Damit stoßen wir auf ein Leitmotiv, das die ganze Botschaft Christi durchzieht. Der Christ ist der Mensch, der nicht rechnet, sondern das Überflüssige tut. Er ist eben der Liebende, der nicht fragt: Wie weit kann ich gerade noch gehen, dass ich noch eben im Bereich der lässlichen Sünde, unter der Grenze der Todsünde bleibe? Sondern Christ ist derjenige, der einfach das Gute sucht, ohne Berechnung. Der bloß Gerechte, derjenige, dem es nur um Korrektheit zu tun ist, ist der Pharisäer; erst der, der nicht *bloß* gerecht ist, fängt an, Christ zu sein. Das bedeutet beileibe nicht, dass der Christ ein Mensch wäre, der nichts verkehrt macht und keine Fehler hat. Im Gegenteil: Er ist der, der weiß, dass er Fehler hat, und der großzügig ist mit Gott und den Menschen, weil er weiß, wie sehr er selbst von der Großzügigkeit

Gottes und seiner Mitmenschen lebt. Die Großzügigkeit dessen, der sich allen als Schuldner weiß, der gar nicht mehr versuchen kann, eine Korrektheit einzurichten, die ihm strenge Gegenforderungen erlauben würde: Sie ist der eigentliche Leitstern des Ethos, das Jesus verkündet [vgl. Mt 18,13–35]. Sie ist jenes zugleich unerhört fordernde und befreiende Geheimnis, das hinter dem Wort vom »Überfluss« steht, ohne den es christliche Gerechtigkeit nicht geben kann.

Wenn man genauer zusieht, wird man alsbald feststellen, dass die Grundstruktur, die wir mit dem Gedanken des Überflusses aufgedeckt haben, die ganze Geschichte Gottes mit dem Menschen prägt, ja, dass sie darüber hinaus gleichsam das göttliche Prägezeichen auch schon der Schöpfung ist: Das Wunder von Kana, das Wunder der Brotvermehrung sind Zeichen für den Überfluss der Großzügigkeit, der Gottes Handeln wesentlich ist, jenem Handeln, das im Schöpfungsgeschehen Millionen Keime verschwendet, um *ein* Lebendiges zu retten. Jenem Handeln, das ein ganzes Weltall verschwendet, um auf der Erde einen Platz zu bereiten für dies geheimnisvolle Wesen Mensch. Jenem Handeln, das in einer letzten, unerhörten Verschwendung sich selbst wegschenkt, um das »denkende Schilfrohr«, den Menschen, zu retten und an sein Ziel zu führen. Dieses letzte, unerhörte Geschehen wird sich dem berechnenden Verstand der korrekten Denker immer entziehen. Es ist wirklich nur aus der Torheit einer Liebe verständlich, die jede Berechnung über den Haufen wirft und vor keiner Verschwendung zurückschreckt. Und es ist doch wieder nichts anderes als das konsequente Vollenden jener Verschwendung, die allenthalben gleichsam der Eigentumsstempel des Schöpfers ist und nun auch zum Grundgesetz unseres eigenen Seins vor Gott und den Menschen werden soll.

Kehren wir zurück. Wir sagten, von dieser Erkenntnis her [die ihrerseits nur eine Anwendung des Prinzips »Liebe« ist] werde nicht nur die Struktur von Schöpfung und Heilsgeschichte durchsichtig, sondern auch der Sinn der Forderung Jesu an uns, wie sie uns in der Bergpredigt begegnet. Sicher, es nützt vorher schon viel, zu wissen, dass sie nicht gesetzlich verstanden werden darf. Anweisungen wie diese: »Wenn dich einer auf die rechte Wange schlägt, halte ihm auch die andere hin; ... wenn dir einer den Mantel nimmt, gib ihm auch den Rock« [Mt 5,39f.], sind nicht Gesetzesparagraphen, die wir als

Einzelverordnungen in buchstäblicher Gesinnung ausführen müssten. Sie sind nicht Paragraphen, sondern sinnfällige Beispiele und Bilder, die zusammen eine Richtung angeben wollen. Aber das genügt doch nicht, um zu einem wirklichen Verständnis zu kommen. Dazu müssen wir tiefer gehen und sehen, dass bei der Bergpredigt einerseits die bloß moralische Auslegung nicht zureicht, die alles Gesagte als Gebote auffasst, deren Nichteinhaltung in die Hölle führt: So betrachtet würde sie uns nicht aufrichten, sondern zerstören. Aber auf der anderen Seite genügt auch die bloß gnadenmäßige Auslegung nicht, die behauptet: Hier wird nur gezeigt, wie nichtig all unser menschliches Tun und Handeln ist; hier wird nur sichtbar, dass wir nichts ausrichten und dass alles Gnade ist. Der Text mache nur deutlich, dass in der

Nacht der menschlichen Sündigkeit alle Unterschiede belanglos sind und dass ohnedies keiner auf etwas zu pochen hat, weil alle der Verdammung wert sind und alle nur durch Gnaden gerettet werden. Gewiss, der Text bringt uns unsere Vergebungsbedürftigkeit erschreckend deutlich zum Bewusstsein; er zeigt, wie wenig Grund ein Mensch hat, sich zu rühmen und sich als Gerechten von den Sündern abzusetzen. Aber er will doch auch etwas anderes. Er will uns nicht nur unter das Zeichen von Gericht und Vergebung stellen, das dann alles menschliche Handeln gleichgültig machen würde. Sondern er hat auch zum Ziel, uns eine Wegweisung für unser Dasein zu geben: Er will uns hinorientieren auf jenes »Mehr«, auf jenen »Überfluss« und jene Großzügigkeit, die nicht bedeutet, dass wir plötzlich fehlerlose »Vollkommene«

werden, sondern die bedeutet, dass wir die Haltung des Liebenden suchen, der nicht rechnet, sondern eben – liebt.

Und dazu gehört schließlich noch der ganz konkrete christologische Hintergrund der Bergpredigt. Der Ruf zum »Mehr« ertönt nicht einfach aus der Unnahbarkeit der ewigen Majestät Gottes, sondern er ertönt aus dem Mund des Herrn, in dem Gott sich selbst weggeschenkt hat in die Armseligkeit der menschlichen Geschichte hinein. Gott selbst lebt und wirkt unter dem Grundgesetz des Überflusses, jener Liebe, die nicht weniger geben kann als sich selbst. Christ ist, wer die Liebe hat. Das ist die einfache Antwort auf die Frage nach dem Wesen des Christentums, vor der wir am Ende wieder stehen, und die, recht verstanden, alles einschließt.

Glaube, Hoffnung, Liebe

Am Schluss bleibt uns noch eines zu bedenken. Indem wir von der Liebe sprachen, sind wir auf den Glauben gestoßen. Wir sahen, dass er, recht begriffen, in ihr anwesend ist und sie überhaupt erst ins Heil hineinführen kann, weil unser eigenes Lieben ungenügend bliebe wie eine offene Hand, die ins Leere greift. Wenn wir noch ein Stück weiterdenken, stoßen wir auch noch auf das Geheimnis der Hoffnung. Denn unser Glauben und Lieben bleibt auf dem Wege, solange wir in dieser Welt leben, und immerfort droht es, wieder zu erlöschen. Es ist eben wirklich Advent. Keiner kann von sich sagen: Ich *bin* fertig erlöst. Es gibt in dieser Weltenzeit Erlösung nicht als fertige Vergangenheit, es gibt sie nicht als fertige, endgültige Gegenwart, sondern es gibt Erlösung nur in der Weise der Hoffnung. Das Licht Gottes leuchtet in dieser Welt nicht anders als in den Lichtern der Hoffnung, die seine Güte auf unserem Wege aufgestellt hat. Wie oft betrübt uns das: Wir möchten mehr, wir möchten die volle, runde, unanfechtbare Gegenwart. Aber im Grunde müssen wir doch sagen: Könnte es eine menschlichere Weise der Erlösung geben als diejenige, die uns Wesen des Werdens und des Unterwegsseins sagt, dass wir hoffen dürfen? Könnte es ein besseres Licht für uns Wesen auf Wanderschaft geben als dasjenige, das uns frei macht, furchtlos vorwärts zu gehen, weil wir am Ende des Weges das Licht der ewigen Liebe wissen?

Wir werden morgen, am Quatembermittwoch im Advent, in der Liturgie der heiligen Messe gerade diesem Geheimnis der Hoffnung begegnen. Die Kirche stellt es an diesem Tag vor uns hin in der Gestalt der Mutter des Herrn, der heiligen Jungfrau Maria. Sie steht in diesen adventlichen Wochen vor uns als die Frau, die die Hoffnung der Welt unter ihrem Herzen trägt und so als das Zeichen der Hoffnung unseren Weg vorangeht. Sie steht da als die Frau, in der das menschlich Unmögliche durch Gottes rettendes Erbarmen möglich geworden ist. Und sie wird so zum Zeichen für uns alle. Denn wenn es auf uns ankommt, auf die armselige Flamme unseres guten Willens und auf die Armseligkeit unseres Tuns, richten wir das Heil nicht aus. Dazu reicht es nicht, wie viel wir auch vermögen. Es bleibt unmöglich. Aber Gott hat in seiner Erbarmung das Unmögliche möglich gemacht. Wir brauchen nur in aller Demut ja zu sagen: Siehe, ich bin ein Knecht des Herrn [vgl. Lk 2,37f.; Mk 10,27]. Amen.

Anmerkungen

1 Dass dies die geschichtstheologische Überzeugung des ganzen ersten christlichen Jahrtausends war, habe ich zu zeigen versucht in meiner Habilitationsschrift »Die Geschichtstheologie des heiligen Bonaventura« [München/Zürich 1959]. Die Geschichtseinteilung in »vor« und »nach Christus«, in unerlöste und erlöste Zeit, die uns heute als unersetzlicher Ausdruck des christlichen Geschichtsbewusstseins erscheint, ohne den wir den Begriff der Erlösung und so den Angelpunkt des Christlichen nicht mehr glauben denken zu können, diese Geschichtseinteilung ist in Wahrheit erst das Ergebnis der geschichtstheologischen Wende des dreizehnten Jahrhunderts, ausgelöst durch die Schriften Joachims von Fiore, dessen Drei-Zeiten-Lehre zwar abgelehnt wurde, von dem aber das Verständnis des Christusgeschehens als eines innergeschichtlichen Periodisierungspunktes übernommen wurde. Die Veränderung im Gesamtverständnis des Christlichen, die sich daraus ergab, muss als eine der bedeutendsten Umwälzungen in der Geschichte des christlichen Bewusstseins angesehen werden. Sie aufzuarbeiten, wird eine dringende Aufgabe der theologischen Arbeit in unserer Zeit bilden.

2 Den Gedanken der zwei Zeichen Gottes – Schöpfung und geschichtliche Verborgenheit – verdanke ich dem Aufsatz von Ph. Dessauer, Geschöpfe von fremden Welten: Wort und Wahrheit 9 [1954] 569–583.

3 Pascal, Pensées Frg. 793 [ed. Brunschvicg 293ff.]; vgl. R. Guardini, Christliches Bewusstsein [München 1950] 40–46.

4 Zum Ganzen: Ignatius v. Loyola, Die Exerzitien. Übertragen von H. U. v. Balthasar [Einsiedeln 1959] 33f.

5 J. Brodrick, Abenteurer Gottes. Leben und Fahrten des heiligen Franz Xaver [Stuttgart 1954], bes. 88f.

6 Belege in meinem in Anm. 1 genannten Werk.

7 H. Strack, P. Billerbeck, Das Evangelium nach Matthäus, erläutert aus Talmud und Midrasch [München 1922] 357.

Benedikt XVI.
zum Glaubensbekenntnis

»Muss in einer Situation der Ratlosigkeit das Christentum nicht allen Ernstes versuchen, seine Stimme wieder zu finden, um das neue Jahrtausend in seine Botschaft ›einzuführen‹, sie als eine gemeinsame Wegweisung in die Zukunft verständlich zu machen?«
Papst Benedikt XVI.

Joseph Ratzinger
EINFÜHRUNG IN DAS CHRISTENTUM
366 Seiten. Gebunden
ISBN 3-466-20455-0

Kompetent & lebendig.
SPIRITUALITÄT & RELIGION

Kösel-Verlag, München, e-mail: info@koesel.de
Besuchen Sie uns im Internet: www.koesel.de